Farouk Mameri

Le chemin de la lumière

Farouk Mameri

Le chemin de la lumière

Éditions Muse

Imprint
Any brand names and product names mentioned in this book are subject to trademark, brand or patent protection and are trademarks or registered trademarks of their respective holders. The use of brand names, product names, common names, trade names, product descriptions etc. even without a particular marking in this work is in no way to be construed to mean that such names may be regarded as unrestricted in respect of trademark and brand protection legislation and could thus be used by anyone.

Cover image: www.ingimage.com

Publisher:
Éditions Muse
is a trademark of
Dodo Books Indian Ocean Ltd. and OmniScriptum S.R.L publishing group

120 High Road, East Finchley, London, N2 9ED, United Kingdom
Str. Armeneasca 28/1, office 1, Chisinau MD-2012, Republic of Moldova, Europe
Printed at: see last page
ISBN: 978-620-4-96521-5

NOM : Mameri

Prénom : Farouk

Age : 47 ans

Tel : 00213 541 394 555

EMAIL : faouik200@gmailcom

FORMAT DU LIVRE : A5

BIOGARAFIE

Je commence par me présente je m'appelle Mameri Farouk âgé de 47ans je suis ingénieur d'état en électrotechnique je suis originaire d'une ville en Algérie qui se nomme Bejaia

Je suis marié j'ai une petite fille de quatre ans

J'aime écrire et faire partager mes idées à l'autre dans cadre compréhensif et respectable loin de tout dépassement ou nuisibilité littéraire

J'écris avec franchise sans me venté que je conne tout je cherche toujours a touché le centre de compréhension des lecteurs pour s'assurer que mon message est bien transmis

J'utilise beaucoup plus des phrases positives et antidotes pour fortifier les lecteurs et les orienter à travers leur pensée vers l'optimisme

Résumé du livre

Le résumé de ce livre est une sécrétion idéologique personnelle qui représente une sorte de sagesse littéraire concernant la description par des valeurs noble d'un chemin ou une accumulation et un regroupement de ces dernières permettent à l'individus par sa compréhension des conduites comportementales de s'engager avec une grande évidence dans cet itinéraire dans lequel il trouvera l'apaisement de son esprit et une tranquillité large grâce au savoir des options de ce chemin qui orientes en évitant tous les nuisibilités de la vie et les remplacer par des qualités qui lui permettent dans le future des réussite successives si jamais il entreprend ce chemin il parle aussi des stations de passages que dois prendre l'individus pour qu'il soit définitivement dans ce dernier

Il comporte aussi une opinion personnel du coté religieux et quelques valeurs noble que doit avoir un individu pour gagner sa place dans ce chemin

Il encadre aussi de façon générale l'importance de ce chemin expliqué par des arguments qualitatifs

LE CHEMIN DE LUMIERE

Depuis les temps les collisions idéologiques entre les humains et leurs imposition en force d'instaurer leurs lois et leur idées ne cessent de créer des chemins qui résultent d'une mauvaise compréhension des choses importantes qui ont une grande priorité dans la vie quotidienne et dans l'établissement et l'acquisition des objectifs qui sont caractérisés par l'apport à la société les meilleurs statuts de vie dans tous les domaines en particulier la paix

Ces chemins ont une amplitude de propagation assez faible ce qui empêche leurs arrivé à leurs destination à cause de présence d'inertie qui oppose leurs arrivée aux cibles recherchées qui sont le développement et l'épanouissement de la société

Grace à l'instauration d'une solidarité fraternelle incitant ainsi les individus à appartenir à une catégorie sociale qui s'engage à prendre le bon chemin ou on trouve un tissu social model qui ce nourrie de la lumière du savoir

Le mauvais choix des chemins induit par conséquence a des translations irréfléchies qui ne donnent pas et qui n'aboutissent pas aux objectifs recherchés vue l'absence des critères qui définissent le chemin approprié

Aujourd'hui le choix du bon chemin est une nécessité qui a un effet lourd celui essentiellement d'une victoire méritée après des efforts monumentaux qui donneront dans le future le fruit tant recherché celui du bien être individuel et bien sûr aussi collectif ce dernier ne peut être obtenu sauf si la convergence des axes de pensé des acteurs qui travaillent ensembles prennent la destination à travers un chemin celui que je nomme le chemin de la lumière

Parlé du chemin de la lumière c'est de dire de marcher sur un chemin ou les efforts sont bien réduits grâce à la présence d'une abondance de solutions préalablement préparées ou aussi les consensus sont établies avec une grande souplesse touchant ainsi une grande vague d'intérêt vue l'entente alternative qui existe de façon continue entre les décideurs du développement de la société et de son orientation vers la prise de ce chemin bien choisi

Etre dans ce chemin c'est comme être emprisonné dans une sphère protectrice ou toutes les conditions de vie sont présentes notamment la santé morale et physique

On peut dire aussi que dans cette sphère on trouve la croyance d'une foi qui encourage les actions et les initiatives positives qui participent grâce aux volontés disponibles basées sur une grande clairvoyance dans la construction d'une pensé antidote dans la société

Cette sphère immunise le tissu social model qui est à l'intérieur des influences extérieures indésirables et lui donne surtout un grand confort sur tous les plans

Parlé de ce chemin c'est de dire aussi qu'enfin je me trouve dans une situation de relâchement moral positif qui me permet de sentir et de profiter des réussites successives à travers chaque pas que j'exécute sur ce dernier avec tant de plaisir et de confiance en soi surtout beaucoup de tranquillité et d'apaisement de l'esprit

L'être humain au début de son existence possède deux sphères qui sont en lutte de façon continuelle à cause d'une sorte de différence de potentiel qui existe entre ces deux dernières

L'une de ces deux sphères est la sphère de lumière ou on trouve les qualités et les valeurs qui reflètent la discipline et la bonne conduite sur le plan comportemental donnant l'aspect de l'individu model qualifié de bonne maitrise des outils de développement et des relations sociales

Adaptées pour une bonne convivialité de paix dans le tissu social grâce à son habilitation d'autonomie dans l'exercice des différentes actions positives

Dans cette sphère on trouve aussi la bonne vision des stratégies du présent et du future qui permettent à une société de vivre dans un climat bien oxygéné ou se réunissent toutes les conditions de vie où règne la paix et surtout la justice et la bonne démocratie

On ajoute à ça la bonne orientation de l'axe de pense vers les idéologies positives et constructives qui sont partagées par une majorité écartant ainsi tout type de conflit ou de pathologie idéologique qui peu enjoindre l'instabilité du tissu social

De cette maniéré on peut dire qu'on est dans le chemin de la lumière et cela peu ce réalisé quand la sphère lumineuse prend du volume sur la sphère obscure ce qui permet de constater avec une grande évidence qu'on est dans un chemin ou les armes anti problématiques sont existants et veillent constamment sur la moindre introduisissions de tout type de phénomène ou d'influence qui peut déstabiliser les bonnes conditions de vie du tissu social

L'autre sphère est la sphère obscure

Dans cette dernière l'ignorance prend sa place en émettant toutes les qualificatives des échecs telle que le sous-développement la mauvaise éducation la pauvreté et beaucoup d'autre en plus comme les retards d'évolution de la société et la non maitrise des situations pour les orientées vers la stabilité sans oublié aussi la multitude des chemins stratégiques qui n'ont aucune destination qui travaille à apporter des solutions mais au contraire augmenté l'intensité des problématiques

Ces deux sphères sont constamment en lutte ou chacune des deux essaye toujours de prendre du volume sur l'autre mais l'objectif recherchés est comment nourrir la sphère de lumière pour lui donne du volume afin qu'elle puisse vaincre la sphère d'obscure et dans le même contexte un travail doit objectivement ce faire pour rentrer dans le chemin de la lumière

Pour accéder au chemin de la lumière il est exigible de connaitre l'aspect descriptible de ce dernier et ces critères d'admission qui sont la fourniture suffisante des efforts mentaux qui permet de tracer les issus d'aboutissement a ce chemin

Il est aussi nécessaire une fois dans ce dernier de savoir piloter l'axe de pensé beaucoup plus sur le plan d'écartement de tous les préjugés en travaillant sérieusement sur le désistement définitif de ces derniers

Parcourir ce chemin doit se faire après des efforts correctionnels concernant la conduite dans la société et les apports intellectuelles a cette dernière qui représente un certain nombre d'habitudes touchant l'élément éducatif en premier lieux sans oublié le capital de savoir qui ouvre les voies qui mènent au sensation de paix intérieur et une quiétude qui peut servir pour mieux réfléchir dans la fourniture avec une cadence convenable uniforme des idéologies positives

Etre dans un chemin de lumière offre beaucoup d'avantage comme la disponibilité des conditions de réussite dont la structure de cette dernière est bien définie et aussi bien simplifier

La purification de l'esprit permet aussi une entente d'une bonne intégration dans la société ou le phénomène de symbiose fait son apparition dans celle-ci en créant une mutualité d'action positives et une solidarité bien soudée grâce à la présence d'une tolérance partagée suivie de compréhension alternative entre les différents individu ce qui offre avec évidence les possibilités d'évolution et d'avancement pour atteindre l'objectif d'une bonne consolidation de paix et de convivialité durable ce qui montre un autre avantage qu'offre le chemin de la lumière

La valeur de générosité dans la société est une graine qu'il faut plantée nécessairement pour faire croitre en meilleur le statut de vie des différents individus qui

Se trouvent parfois dans des situations difficiles ce qui permet ainsi la naissance d'une multitude d'actions positives dans la société qui sera bien soudée dans l'exécution de ces dernières

L'importance de cette opération fait que la prise de conscience de la société a atteint le stade d'imposition suffisante en sachant la priorité vital de cette valeur et l'importance de son exercice quotidien pour comprendre en conclusion que cette action caractérise bien le fait d'être dans le chemin de la lumière

Parmi les points qui pointent leurs doigts sur l'aspect du chemin de la lumière et ces caractéristiques on cite l'accumulation mentale pondérant des intentions saintes qui encadrent des objectifs qui travaillent incessamment et avec persévérance les affaires justes de l'humanité loin de toutes les intimidations sociales qui représentent des émissions négatives de la sphère obscure citée avant

La nécessité d'abondance et d'intensité de ces intentions apportent et regroupe le tissu social antidote contre le mal d'obscure

La présence et l'existence de ces intentions illustrent l'aspect d'un chemin unique ou les idéologies constructives sont admissent par une majorité qui détiennent la vraie adresse de ce chemin dont la destination comporte la disponibilité des valeurs nobles utiles pour l'instauration de la paix collective qui ne peut être logée que dans ce chemin

Du coté religieux on évoque que l'engagement dans une croyance doit se faire par une conviction définitive qui encourage une adhésion juste

Ou la pensé sera autonome par les compréhensions exacte qui illustrent bien la vraie image du monothéisme dont il croie loin des doutes qui peuvent brouillés l'image clair du créateur et ces intensions positifs dans l'orientation des humains vers un chemin éclairé cette croyance doit représenter à son début l'étincelle qui allumera la flamme celle qui permet l'absorption de la sphère de lumière des valeurs positives importantes par une sélection fiable et qui seront nécessaires au maintien d'un tissu social dans une harmonie de paix et d'avancement vers le meilleur et de cette manière cette dernière prendra du volume par rapport à la sphère obscure imposant ainsi sa dominance et par suite on comprendra qu'on est effectivement dans le chemin de la lumière

La croyance de dieu ne doit pas touchée les autres religieux par le respect des différences contenances idéologiques religieuses dans le monde ou les libertés ne doivent pas être restreintes à cause des collisions des compréhensions impliquées entre les différents religieux cela offre aux sociétés une liberté de choisir leurs orientation religieuse avec grand soin et responsabilité en écartant ainsi tout conflit due à des obligations imposées

L'un des points aussi qui a son importance dans la prise de ce chemin est la conscience celle-ci doit être dans une situation d'apaisement grâce à la tranquillité venant des compréhensions juste des données touchant l'élément éducatif qui permet lui aussi de fermer les portes sur les émissions de la sphère obscure qui pourront a leurs tour induire la conscience dans un état d'instabilité provoquant par conséquence une dégradation du rôle de fonctionnement normal de la conscience et son maintien continue dans l'exercice des comportements qui caractérises la bonne conduite dans le tissu social

La conscience quand elle est tranquille elle donne au mental les options de réflexion les plus positives qui servent à la sécrétion des nourritures nécessaires à la sphère de lumière qui prendra à son tour du volume permettant ainsi de tourner le volon de l'individu vers un équilibre ou la pensée rentre dans un état de repos ou le corps trouve aussi sa meilleure forme et son dynamisme optimal

Etre dans ce chemin c'est de permettre une entente entre la conscience et l'esprit qui rentrent dans une sorte de relâchement écartant ainsi les dérangements alternatifs entre les deux

Ces derniers trouvent leurs paix grâce à leur alimentation par la sphère de lumière qui sera ambliez par la nourriture de lumière qui impose sa dominance dans le but de réduire la déférence de potentiel entre les deux sphères citées précédemment induisant ainsi à une tranquillité de la conscience qui a son tour

Apaise l'esprit ce qui donne une meilleure préparation des deux a bien entretenir toutes les taches de toute nature

Parmi les valeurs nobles qu'on rencontre dans ce chemin est la patience cette dernière c'est la vertu qui permet de fournir les persévérances nécessaires à la disponibilité des volontés qui sont utiles à la lutte et la réalisation des butes envisagés dans le future

La bonne maitrise de cette vertu offre aux individus la capacité

De résister pour obtenir et arriver aux objectifs qui nécessitent des efforts de patience parfois conséquente

On peut dire aussi que la patience est une nourriture de la sphère de lumière qui maintienne le mental en stabilité en lui injectant les énergies positives a son retienne ment qui aide à surpasser tous les obstacles de la vie

La patience permet à l'individu de faire un recul qui représente une station qui va lui offrir une occasion de ce chargé d'énergie et aussi réfléchir convenablement pour trouver et rattraper les manques en fiabilité des stratégies qu'il a conçues

Et aussi repérer les fuites d'énergie inutiles qui sont une perte due aux mauvaises réflexions du mental

La maitrise de la patience nous induit et nous oriente vers le chemin de la lumière si en est croie fortement

Etre dans le chemin de la lumière c'est d'être dans une paix intérieure ou la conscience prend son repos et l'esprit profite des moments de tranquillité qui permettent la naissance d'une sorte d'équilibre mental ou les réflexions touchent le concret des choses avec simplicité grâce à la facilité de la division idéologique des idées compliquées et cela induit a un relâchement psychologique positif ou les commissions idéologiques sont restreintes à cause du ralentissement mental et la prise de temps approprié dans le règlement des différentes affaires de la vie on ajoute que la présence de la paix dans le mental humain dans le temps et l'espace offre des sensations de gaieté et de bienêtre ce qui permet ainsi une bonne conduite comportementale qui ensuite permet la naissance d'un tissu social qui vit dans une convivialité et une harmonie construite grâce à des efforts de patience et de persévérance en ayant impérativement dans le mental l'aboutissement a l'objectif recherché celui du bienêtre qui est enrobé de paix

Une fois dans ce chemin l'odeur de paix séduit les individus soiffent de tranquillité et de quiétude raison pour laquelle il est important de considérer cette valeur qui incite à une prise de conscience importante parce que la majorité des humains cherchent les caractéristiques citées précédemment vue leurs valeurs considérables qui apportent les soulagements ciblés

Pour arriver à prendre ce chemin il faut avoir beaucoup d'espoir qui ce dernier représente une sorte de pile pleine de patience qu'il faut recharger à chaque fois pour arriver à atteindre la cible grâce à la croyance intense et la confiance de réussite disponible dans le mental

La prise de ce chemin entraine une habilitation d'autonomie des individus à entreprendre leurs propres idéologies positives qui serrent dans la vie à construire des volontés fortes contre les idéologies parasites qui sont nuisibles

Le développement d'un système immunitaire contre les idées parasites permet leurs répulsion par le mental et

La suppression de ces dernières ce qui induit ainsi à une alimentation et une confiance constructive qui lutte constamment pour une insistance de rester dans ce chemin

Qui offre le réconfort moral et physique et aussi la prise de conscience dans la sélection fiable des idéologies positives nécessaires à l'avancement surtout la libération spirituelle

Qui ramené à son tour la bonne conduite comportementale et l'acquisition des valeurs citées précédemment qui caractérisent

Les critères d'admission dans le chemin de la lumière

Parmi les valeurs indispensables qu'on trouve dans ce chemin et qui font sentir les plaisir c'est l'amour d'autrui cette valeur quand elle présente dans le tissu social propage une sorte de syro me réparateur dans les différents segments de la structure social

Ce qui induit ainsi à une convergence vers un centre ou est logé une synergie intense collective qui permet de construire l'aspect d'une entente entre les individus suivie d'une appréciation partagée ou l'auto vaillance entre les individus est encouragé pour une convivialité et une grande harmonie de vie ou le meilleur statut social prend une priorité très insistante

L'amour est le seul antidote une fois injecté dans la société écarte tous les segments de la structure sociale qui sont atteint de caractéristiques négatives et les remplace par des autres qui offrent à cette structure une vitalité et une sensation d'apaisement loin de toutes les hostilités permettant ainsi un grand réconfort et un fonctionnement optimal du mental dans le maintiens d'une paix intérieur durable

Ou les idéologies positives prennent le dessus sur les autres négatives ce qui permet par conséquence une bonne alimentation de la sphère de lumière qui cette dernière imposera sa dominance sur la sphère obscure qui se rapetisse et cela induit ensuite à une bonne orientation des axes de pensée des individus vers bien sur le chemin de la lumière qui comprend que les êtres humains positifs qui sont prêt à donner de l'amour par leurs partage pondérant

Et de cette maniéré on se retrouve dans un tissu social model ou les compréhensions entre les individus sont confirmées et disponibles par leurs effet efficace entre les différents êtres humains

Prendre ce chemin est être doté aussi de la solidarité fraternelle qui offre entre les individus l'activité intense dans l'accumulation collective des efforts et des volontés nécessaires dans le sud passage des obstacles parfois

Difficiles

Il est important aussi d'évoquer le terme de la foi qui donne une caractéristique pesante au chemin de la lumière et qui montre sa nécessité primordiale par sa présence dans ce dernier

La foi de dieu nous aide et nous guide vers une croyance dont le fruit est celui d'une tranquillité spirituelle et une maitrise de la conscience qui veille sur l'équilibre psychologique de notre moral à travers une prise de conscience sur les meilleurs compréhensions du fonctionnement optimal de tous les éléments qui participent au maintien d'une paix intérieure qui permet avec évidence la capacité de connaitre le passage de la phase de transition d'une situation de bas niveau a une autre de plus important niveau grâce à l'acquisition d'une nouvelle habitude dont l'aspect reflète

Les soulagements recherchés et la quiétude qui représente un antidote efficace qui montre à son tour clairement notre déviation vers le chemin de la lumière

La foi est utile dans les moments difficile parce que l'individus dans ces circonstances affaiblie par la complication d'une problématique qui représente un grand obstacle qu'il peut pas traverser ce qui l'oriente vers la grande puissance qui détienne la puissance infinie pour lui demander de l'aide par ces prières toute en gardant l'idée qu'il doit compter avant tout sur lui-même mais aussi il garde l'espoir qu'il peut être aidé par autrui qui seront effectivement envoyés par le tout puissant

La foi est une nourriture de notre âme car ce dernier se trouve parfois dans un état d'étouffement qu'il nécessite une sorte de décompression psychologique pour pouvoir faire un recule moral et pour faire un bilan sur les causes de ces étouffements et savoir que la solution à cet problématique est bien sur l'orientation de cet individu vers le chemin de la lumière qui va lui offrir l'oxygénation qui convienne par son relâchement moral des idéologies qui l'envoies vers des commissions irréalisables ce qui cause l'instabilité de son moral

L'admission de sa faiblesse au bon dieu est une vérité qu'il ne faut pas niée car elle permet à l'individu de chercher l'aide collectif ce qui lui offre une occasion de décortiquer la structure d'une problématique compliquée segment par segment et arriver à traverser tout obstacle quand les volontés nécessaires et aussi les acteurs complices dans la résolution de cette dernière

Sont réunies pour bien jouer leur rôle

La prise de ce chemin montre et fait appel à toutes les pensées optimistes qui sont admissent par la conscience qui veille constamment sur l'équilibre de l'âme dans les choix idéologiques qui entraine vers des actions constructives bénéfiques a l'épanouissement de l'individu grâce à la connaissance dans l'espace et le temps des méthodologies exactes du commencement et de finition d'une action dans des conditions favorables pour apporter un intérêt dans un tissu social model par son comportement qui s'adapte avec la réception de ce dernier

Parle aussi de ce chemin c'est de dire que les statuts sociaux des individus connaissent une évolution vers les meilleures situations ou ces derniers ne ce pleines pas grâce à une satisfaction qui produit des volontés énormes de reformes et de participation au développement et au classement définitif des nuisances qui touche et qui provoque la déviation de ce chemin précieux

Il faut ajouter aussi que la vraie connaissance de ce chemin induit les individus vers le désistement des autres chemins dont la destination n'apporte aucun support moral et physique à ces derniers mais par contre elle sculpte dans les cerveaux une croute d'idéologies qui résultent d'une pensée qui a profitée de l'absence de l'vaillance de la conscience et qui a ainsi rentrée dans un fonctionnement anormal laissant comme résultat une multitudes de problématiques et de situations intenables qui étouffent malheureusement l'esprit et qui le désoriente du chemin de la lumière

Sur le plan relationnel il est important de développer une personnalité qui illustre idéologiquement une structure dont les caractéristiques sont la compatibilité d'intégration dans un tissu social model par son bon comportement et sa conduite exemplaire afin de maintenir les liens qui sert à garder les rapprochements amicales et sociaux qui induisent par conséquence vers une entente presque parfaite entre les individus qui bien sûr s'engagent à prendre le chemin de la lumière

Les bonnes relations enjoindre les meilleurs consensus qui ensuite secrète le jute de la paix qui est un élément descriptible qui se trouve dans ce chemin comme une caractéristique pesante

La structure de la relation doit comprendre des segments bien soudés pour permettre sa robustesse et une espérance de vie assez importante ce qui induit vers la durabilité des bonnes relations entre les individus qui seront des acteurs actifs dans ce chemin

La sensation de confiance en soi impose sa présence dans ce précieux chemin permettant ainsi un fonctionnement optimal du mental qui cible bien avec beaucoup d'attention toutes les affaires de la vie qu'il entreprend grâce au travail de la conscience qui veille constamment à choisir les idées positives qui satisfait la pensée et qui offre une certaine tranquillité à l'esprit

Cela permet la disponibilité des conditions de concrétisation de n'importe quel objectif vue l'efficacité des éléments stratégiques introduits dans le traitement et la réalisation de ces dernières

Avoir confiance en soi dans ce chemin c'est aussi rassemblé toutes les volontés qui sert notamment à conduire vers le traitement d'une affaire depuis son début jusqu'à sa fin en évitant toute inertie qui pourra opposer sa réalisation grâce à la bonne maitrise intellectuelle du mental

Un redressement idéologique permet la continuité du débit des idées grâce aux harmoniques réglées de façon a entrainé vers l'arrachement à partir du cerveau des quantités idéologiques qui subirez juste après une division idéologues qui travaille à simplifier les idées compliquées ou aussi contrairement procède a la synthèse des idées simples pour construire la structure finale de l'idée compliquée pour la mieux comprendre

Ce qui induit par conséquence a provoqué un nombre d'action dont l'effet est essentiellement la reforme et le développement ce qu'on trouve aussi dans le chemin de la lumière qui encourage dans un ensemble toute action qui pourra dans un future proche soit établir de l'ordre dans la société ou encore apporter des corrections de conduite et de comportement dans cette dernière par une simple participation

La persistance sur la fluidité des idéologies permet de faire arriver toutes les informations ou les données a tous les acteurs qui sont des récepteurs sujet de traitement ou qui sont impliqués dans une opération de réforme ou d'action de développement ou de mise en ordre

La nécessité de propager les idéologies de façon convenable selon les critères de spécialisation permet la naissance des catégories sociales et assurer un échange culturel dont chaque structure de ce dernier est respecté impérativement par les lois nécessaires et offre à la société une atmosphère de navette de capture idéologiques et de translation uniforme des connaissances et des compréhensions partagées par les modèles sociaux ce qui se trouve dans ce précieux chemin

Etre présent dans ce chemin reflète de porter au cerveau

Les options d'accumulation et de transmission des données qui représentent à la fois une sorte de symbiose entre les acteurs qui s'engagent dans une conquête d'interchangeabilité des informations utiles au maintien de toutes les valeurs nobles citées précédemment dont les fruits de celles-ci apportent l'établissement générale du plan global de projection et d'implication dans la prise de ce chemin si précieux

Parmi les constatations qu'on peut ajouter sur ce chemin est que les collisions idéologiques sont très restreinte pour ceux qui parcourent le long de ce dernier

A cause de la faiblesse des amplitudes d'imposition entre les parties qui rentrent en conflit en général on peut dire que les structures idéologiques sont presque pareilles dans un tissu social et même si elles diffèrent dans leur concept mais dans le concret principal des choses elles se rapprochent et dans le même sens on peut déduire que les avantages de ce chemin c'est un travail qui doit se faire pour rassembler une majorité des acteurs qui participent à la sécrétion des idéologies positives loin des conflits qui peu ce produire dans un tissu social en particulier celui qui marche dans ce chemin

De plus en plus on avance dans ce chemin et les sensations d'apaisement de notre esprit augmentent grâce à la dissociation de la conscience de l'amé ce qui offre au moral un repos une quiétude et un réconfort lui permettant ainsi de faire une suppression de toutes les nuisibilités j'ajoute aussi les connaissances acquises dans ce dernier qui permet à la conscience une neutralité dans l'admission ou l'ajournement d'une idéologie naissante dans la pensé ce qui permet à cette dernière d'offrir à la pensée un repos et par conséquence le moral ce repose et ensuite le physique aussi à cause de l'arrêt d'absorption d'énergie ou du combustible du cerveau qui est le physique

Un control de la conscience travail sur la gestion optimale de la consommation de ce combustible quand elle lui donne le temps de se régénérer pour pouvoir remplir les stocks

Qui assure la continuité vitale en augmentant l'espérance de vie

Pour mieux expliquer un passage dans le chemin de la lumière je dirai qu'il faut passer par trois stations

La première station c'est l'identification de l'entrée de ce chemin ou il se passe dans le mental si on veut un arrimage entre la conscience et la pensée qui permettent le captage des sensations de soulagement qui s'étend vers l'envie de prolonger la suite dans ce chemin à cause des connaissances initiales concernant les meilleurs compréhensions de conduite comportementale et en particulier les recommandations pratiques que exige ce chemin

La pression du flux idéologique devant l'entrée est vraiment intense à cause du vouloir de relâchement pour pouvoir passer à cette phase de relâchement psychologique qui est caractérisé par une conduite de diffusion de bien dans le tissu social

Une mise à niveau est demandée aussi dans cette étape pour mieux s'adapter aux exigences intellectuelles et de sagesse qu'exige cet itinéraire l'envie de ce propulser dans la deuxième station est richement recommandée et incitée parce que elle conduit vers l'avancée vers le meilleurs vers le bonheur qui fait vibré l'esprit de joie et de bonnes sensations

Dans cette station une fois dedans on ne pense même pas à regarder derrière à cause de l'intensité de joie qui est récoltée grâce au premiers pas qu'on exécute dans ce chemin en traversant la porte de l'entrée

La deuxième station

Cette étape et très importante parce que dans celle-ci il se produit un relâchement complet des accumulations de compréhension des valeurs nobles citées précédemment et qui travaillent sur le bienêtre de la société en apportant la propagation de la paix et de la santé morale et physique surtout

Dans cette étape un attachement du faite d'être dans ce chemin est vraiment intense grâce au plaisir disponible en abondance qui offre l'amour de ce chemin et une conviction complète qui assure le bon choix de ce dernier qui offre aussi une récupération moral et physique et permet au mental un bon fonctionnement vue la disponibilité des recommandations éducatives optimistes et positives

Une constatation de compatibilité des valeurs nobles qui reflètent la bonne éducation sur le plan disciplinaire fait un effet correct dans ce chemin en faisant sentir l'individu qui se trouve dedans des moments de grand plaisir ou de quiétude existante dans cet itinéraire

A partir de là l'individu développe une sorte de sentiment positif pour ce chemin vue la contribution de ce dernier d'un confort moral et une envie de rester accroché bien comme il faut dans son parcours

Dans la troisième station grâce à un attachement à ce chemin l'individu s'engage avec un contrat indéterminé de rester toujours dans ce dernier a cause d'une habitude de plaisir et de soulagement qu'offrent ce dernier et aussi l'absence des nuisibilités indésirables

Une fois dans cette étape l'individu veille sur son maintien dans ce chemin et se dote d'une grande vigilance de rester à jamais dans ce dernier

La prise de conscience sur la connaissance des valeurs nobles est une grande importance auxquelles il faut s'attaché parce que elles permettent d'offrir les options et les outils nécessaire à la jonction de l'individu avec ce chemin éventuellement l'encouragement personnel à mettre en œuvre toutes les qualités qu'on trouve nulle part ailleurs mais uniquement dans ce précieux chemin

La maturité de la pensée par les idéologies positives incite à prendre la direction du bon fonctionnement du mental qui travaille pour un seul but qui est d'apporter au tissu social model les actions bénéfiques au maintien d'une paix durable et d'un comportement exemplaire dans la propagation et l'instauration de l'ensemble des gestes positifs nécessaires à une bonne convivialité sociale

La concentration et la compréhension intense des qualités de ce chemin est vital pour aboutir à une stabilité spirituelle et un meilleur statut de vie ou l'abondance des sensations de réconfort sont présentes et ou y aura le désistement de toutes les nuisibilités de la vie qui peuvent d'un moment ou d'un autre dérangé notre mental

En finalité j'envoie une invitation importante au individus de prendre avec une conviction définitive ce chemin qui caractérise que des options de réussite et qui fait apprendre les habitudes fructueuses dans le traçage et la continuité d'une vie prospère pleine de succès et sans oublié la paix intérieure qui permet les meilleurs réflexions et le bon fonctionnement du mental dans l'établissement des actions positives et aussi l'intégration sociale dans les tissu sociaux les plus modernes par leurs compréhension logiques des choses de la vie

Il suffit d'ouvrir son mental pour lui permettre de capter les idéologies qui orientent vers la stabilité et l'apport des moments intéressants de la vie

La maitrise d'emploi de son cerveau fait gagner en énergie et fatigue moins le physique ce qui crée un équilibre entre le mental et le physique

La possession d'un filtre idéologique perfectionné est vraiment utile pour laisser passer que les idéologies bénéfiques au quotidien ce qui va induire a une vitalité paisible

Loin des parasites idéologiques qui perturbent l'esprit

Un effort mental s'impose et exige sa présence pour habituer l'individu à faire un ordre dans son mental pour profiter que des choses agréables de la vie

Et ceci en déviant son axe de pensée vers l'optimises et surtout toutes les valeurs nobles citées précédemment

De cette maniéré l'individu entre dans des situations de plaisance ou il trouve son réconfort

Et prend aussi l'habitude de gérer les situations compliquées en utilisant son intelligence et son savoir-faire pour simplifier ces situations et sentir une sorte de libération psychologique bien sûr aussi conserver son énergie quand il sera utilisé son mental en prenant un recul qui est nécessaire pour mieux pensée aux solutions appropriées

La prise du chemin de la lumière c'est de posséder une clairvoyance et des prévisions préalables sur n'importe quelle affaire de la vie et la connaissance des méthodes fiables de les traitées quand les volontés nécessaires sont présentes

Le chemin de la lumière est un chemin si on le capte on pourra répondre à toutes nos préoccupations incomprise grâce au fil d'or qui sert de jonction entre nos cœur et le bon dieu qui nourrit notre mental de clairvoyance

Printed by Books on Demand GmbH, Norderstedt / Germany